# 四季通信
# 保育の現場より
## 保護者の皆様へ

近藤和代
KONDO Kazuyo

文芸社

# 目次

はじめに……4
春から夏　始まりの一歩……9
夏から秋へ　成長の季節……33
秋から冬へと　豊かな実りとともに……57
冬そして春　〝寒さ〟を〝元気〟に換えて……79
おわりに……109

# はじめに

この本を手に取っていただきまして、ありがとうございます。

私は長い間保育の仕事に携わってきました。

この本の発刊にあたっては、原稿を読み返す中で走馬灯のように当時のことが思い出され、まるで時を戻したかのように、ひとり笑ったりうなずいたり時には自問自答したりと複雑な気持ちを繰り返しながら作成しました。

思えば田舎で生まれ育った私の幼少の頃、ふたつ上の姉の後に張りついてそしてその姉もまた違う学年に張りついて。そんな遊び仲間からガキ大将（リーダー）が自然に生まれそのガキ大将を中心にいつも連なって遊んでいました。

春のつくし採りから始まり、暑い夏には小川を塞き止め水遊び。秋には木の実でつくったコマまわしやかくれんぼ。冬はもっぱら鬼ごっこ。

とにかく田畑を駆け廻ったり木登りしたり、また四季を通して食べられる木の実や草花を集めたり、おもちゃがなくても充分満喫して遊んだものでした。

その時のガキ大将と言えば先頭きって走ったり、最後に付いて年下に気遣いしながらあわせたり、またできない子には、コツや方法を教え励ましたりとよく世話をしていたように思います。

私はそんな子ども集団の中でいろいろな体験を通して遊びの方法や技術の習得、また人との関わり方や自然への関心など知らず知らず伝授されたように思っています。

そして、時の流れと共に子どもを取り巻く環境は大きく変わり、ガキ大将はいつしか自然消滅し、「個」がクローズアップされ遊び場所も外遊びから室内遊びへと変わっていきました。

また日々進化し続けるあふれんばかりのおもちゃに囲まれた子ども達は、指示通り動くおもちゃと会話しおもちゃに遊んでもらう。そんなひとり遊びが当然のようになりそして実体験よりも知識最優先となる中、お稽古ごとで忙しく過ごす毎日。

その頃になると保育園でも会話や遊びに少しずつ変化が見られるようになってきま

した。

私は、このような遊びを否定するつもりは全くありませんが、これから子ども達はどんな環境の中で生きていくのだろうかとふと思う。と同時に、いやどんな環境であろうともそこで生きていくしかない。そう思うと「子ども達に必要なものは何だろう?」と自分に問いかける。

まず「たくましい心と身体」は必要不可欠だと私は思っています。たくましい心は踏ん張る力と踏み出す力があるから。

たくましい心は自他共に愛しそして大切にできるから。

そんな思いから、保育園という小さな子ども社会の中で「お互いに刺激し合い、育ち合うものは何か」を求め、日々の子どもの活動の一コマを切り取り、私なりに見つめ感じたことを平成2年から綴ってきました。未来に思いを寄せて。

ところが今や知識情報技術などあらゆる面で目まぐるしく飛躍的に移りゆく時代、そんな環境の中でも変わるものと変わらざるを得ないもの。そして、変わってはいけないものがあるように私は感じています。

ただ「古い」と言って切り捨てず、ちょっと足を止めて見て下さい。

この一コマが独りよがりと感じるならば、また新たにこの一コマも考えるきっかけとなることに私は大変嬉しく思います。

※本書は「保母」という呼称を使ってますが平成11年の法改正により現在は「保育士」といわれています。本書では「保母」で統一しております。

＊筆者注

０才児
１才児—乳児
２才児

３才児—年少児
４才児—年中児
５才児—年長児

# 春から夏

## 始まりの一歩

ぽかぽかして暖かい季節。タンポポなど
のお花に囲まれて、新しい季節が始まり
ます。

## 〈変身〉

新入園児を迎えて、在園児の姿はどう変わるのだろうか。不安で同じように淋しくなる子、がぜん張り切る子、あまり変化ない子と様々だが、子どもなりに何かを感じていることだろう。年長児は小さい子の世話係が増え、おのずとして自覚するであろうが、問題は年中児。饅頭でいえばあんこの部分、最も大切であるが上と下の皮にかくれて、一見存在感がうすい。年少児の時、最後まで手をひかれて登園していた年中児の子が今2才児の子の手をひいている。年中児と2才児は隣り合わせの部屋であり毎日泣いている2才児の子を見て、いつまでも甘えていられないと思ったのか突然変身。環境は大きい。目立たないけれど着実に成長していることにうれしく思う。

## 〈波長〉

泣いている新入園児に、年長児の子が近づいて「泣いちゃダメだよ」と頭をなでる。兄弟でも近所でもない知らない新入園児なのに、保育園という小さな子ども社会に入ったことで、仲間意識が芽生えたのか親近感を持ち、ハンカチで涙をふいてあげたり手をひいたりと、思いやる姿が見られる。新入園児も見知らぬ年長児のお兄さんお姉さんに何の疑いもなくついて歩き、そして泣きやむ。

この小さな世界は、大人にはわからない、子ども同士にしか通じない波長がある。私はこの波長を見守りまた大人の波長を交えての楽しい広場でありたいと思う。

## 〈はじめの一歩〉

入園して1か月、新入園児の子ども達、はじめ泣いていた子も近頃少しずつ慣れ始め、登園時に笑顔が見られるようになった。また逆に「始めはよかったけれど最近は……」という子もいる。この子ども達、一見後退したかのように見えるが、そうではない。形こそ違うが、前進する中で必ず通る節目のようなもの。ここを通過すれば、ほんとうの意味での園に慣れることと思う。

## 〈ゴールデンウィーク〉

春の景色からいつしか季節は移り変わり、今は新緑が目にしみる頃となった。新しい環境に慣れるためのこの1か月。子どもも大人も少し疲れ気味。この連休はホッとひと息つき、心も体もリフレッシュ。旅行もいいし、ドライブもいい。でも、素朴なおにぎりを持って歩いてみるのはもっといい。電車や車のスピードに目を奪われみえるものも見えなかった風景やにおい、そして風を感じ何か新しいものに出会えそうな、そう思うだけでもワクワクドキドキしませんか。感性をとぎすまし、聞いてみよう見てみよう触れてみよう。心をゆさぶる体験は心身のたくましさの素地となる。それは自然体の中で育んでいくと私は思う。

## 〈藤の花〉

風には国境がない。風はいろいろなものを運んでくる。そしていろいろなものを運び去る。子どもの世界も同じ、言葉は通じなくても「心」は通じる。子どもはいろいろ発信するが、いっぱい受信もする。そんな子ども達に毎日触れ合う喜びと緊張。

先日藤の花を見ていたA君が、「先生、花が散ったらぶどうになるんだよ」と教えてくれた。思わぬ子どもの言葉にドキッとした。無限大に広がる豊かな子どもの想像力。それに比較して概念の固まりの大人。
子どもはそんな私に忘れていたさわやかな風を吹き込んでくれた。
私はそれをしっかり受けとめ、そして新しい風を送りたいと思った。

## 〈球根〉

花の万博ではないけれど、園庭いっぱいに咲きみだれた18種類の花は散り、今は土の中で来年のために球根を育てている。卒園児が丹精こめて植えたチューリップ、次の年に球根と共に心も受け継ぐようにしている。

正門と東門に咲いたチューリップは、今年で3代目となる（小さい球根は補充）。それでも老いることなくみごとに咲き、私達を充分楽しませてくれた。きっと来年もまたその次の年も美しい花を咲かせてくれるだろう。そして、子ども達と共に花も心も大切に育てたいと思う。

## 〈くすの木〉

大きくなった園庭のくすの木、枝をはらうため外部のおじさんが来てくれた。おじさんがくすの木を切って皮をはいだら皮の内側に水がいっぱい。子ども達も「すごーい冷たーい」と感動する。

A君「先生、この皮芋のにおいがするよ」

B君「違うよ、シップだよ」

すると他の子もにおいを嗅ぎはじめた。手で触れ肌で感じ、においを嗅ぐ。五感が一斉に躍動するひとときであった。これからもこうした体験を子どもと共にたくさんしたいと思う。

## 〈卒園児〉

ある日の夕方15、16才の男子3人が園庭に入ってきた。スベリ台の所でゴソゴソ。スベリ台がいやに小さく見えた。一体誰だろう、何をしているのだろう、少し不安。3人がこちらにやってきた。その中のひとりが「あのー保育園がきれいになったから見せてくれませんか？」「はあ！！？」「あのー、ぼくわかりますか？」「先生、○○です」「えーっ!!　ほんと？」そう言えば幼い頃の顔と一致。一気に10年前の話題に花が咲く。楽しいひとときであった。この時いつまでも想い出してもらえるような保育園づくりを改めて考えさせられた。

## 〈年長児の成長〉

５月に入り、戸外遊びの様子が変わった。今まで先生を中心に年少児が取り巻いていたが、歓迎会を終えたあの日から、年少児は年長児とコンビをくみ園庭のあちこちと散り始めた（ふと見ると園庭の真ん中で三輪車で遊ぶ二人組）。

年長児Ａ君「ぼくの後についてきてね」

年少児Ｂ君「うん」とニコニコ。

年長児は出発するが、年少児はどうやら三輪車がこげず、力をいれるとバックしてしまう。年長児は後をふり向き降りてのり方を教える。

年長児Ａ君「この足に力を入れてまわすだに」ちょっと進む。

年長児A君「そうそうできたじゃん」。しかし次はまたバックしてしまう。今度は年長児はハンドルを持って教えながら、自分でも前へひっぱるようにする。何度やっても1踏み目は前へ、2踏み目は後ろに下がる。

年長児A君「そうだ、三輪車が大きすぎるかもしれんね」あたりを見廻し、小さいのを引っぱってくる。

年長児C君「あっ!! それぼくんだよ」

年長児A君「いいじゃん、この子小さいのしかのれんもん」

C君と少しいざこざがあったが、どうやら小さいのを獲得する。

年長児A君「いい? これならこげるよ」でも、やっぱりあまり進まない。

年長児A君「しょうがない。両足で土をけりんね」といって、年長児は自分の三輪車に乗り、少し離れて小さい三輪車がぎこちなくついて行く。一見別々のように見えるが子どもの心はつながっている。

一方、砂場ではダムづくりや、ままごとなど年長児同士でダイナミックに遊びを盛り上げている。そこへ年少児が入り込みグチャグチャにやりたい放題やり出す。年長児が「そこはいかんよ」といっても耳に入らない。そんな年少児を横目でみながらしばらく遊びが中断した。そして最後に「先生あの子なんとかしてよ、遊べんじゃん」と、保母に助けを求めたが、小さい子に対して怒ることもなく、じっと我慢をして待つ年長児がとても愛おしく感じた。

## 〈散歩〉

園舎の横を電車が走る（私鉄で単線）。子ども達は築山に登ったりスベリ台に登って電車を見る。「あ、また来たよ」小さい子はバイバイと手を振る。「今度は菜の花が書いてあった」など、いろいろな花模様がデザインされている電車を見るのも楽しみのひとつである。また、隣接する大学の構内には、園庭とは違い、いろいろな木々が大きく育ち整然と植えられている場所や雑然と植えられているところなど、散策するには発見や驚きなど好奇心をかきたてる絶好の小道でもある。

5月になり大学の許可を得てこの小道を歩く。

そこには、ナンジャモンジャ（ヒトツバタゴ）の花が咲くからだ。

「先生きれい」「名前がおもしろいね～」「ワーやわらかそう。だって風でゆれてるよ」

かすかにゆれる花。優しく吹く風を見逃さない子ども達。

子ども達は「鳥も鳴いているけど何の鳥かな～」

目で見たもの肌で感じたこと、そして耳で聴いたこと、心で感じたことを言葉に表し子ども同士共有し合っている楽しい散歩である。


〈個と集団〉


朝の通勤途中、新1年生が5、6年生の子とじゃれながら歩いていく。その5、6年生の子も目配り気配りをしながら手心を加えながら楽しんでいる。こんな光景を見るのは久しぶり、ほのぼのとする。

最近は、上級生同士話しながら先頭をサッサと歩き、下級生は遠く離れてポツポツ。上級生は一度も後ろを振り向くことがない。

それを見た上級生の母親が、「どうして、ちゃんと小さい子の面倒をみないの？」

と聞くと、「だって、どうしていいかわからない」と答えたとのこと。「そう言えば、この子も小さい頃はこうして登校していたなと思った」と母親は言う。

大きい子から小さい子への伝授は教えることもたくさんあるけれど、見て、あこがれ、そしてまねるなど自然体の中で身についていくことが多い。今面倒を見られない上級生を非難するのでなく、時代と共に良い意味での縦社会が欠如し、集団が崩れ、群衆となり個になったことに不安を感じると同時に、園と家庭との役割について考えさせられた。園は集団だからこそできることを身につけ、家庭は個として、社会の一員になるために必要なことを身につける。それには互いの連携は不可欠である。

## 〈自然からのプレゼント〉

園庭の片隅にサクランボとユスラウメ、桃の花がひっそりと咲いていた。「今年は実になるかな」とワクワクしながら楽しみにしていたところ、先日、ひと粒のサクランボを見つけた。植えて5年目、たったひと粒だけど始めての実に感動。桃は小さな枝に32個。これは袋をかぶせた。熟す夏が楽しみである。ユスラウメは赤く連なり今が食べ頃。ちまたでは四季がないといわれるが、ここには夏みかんを始め季節の贈りものがいっぱい。
自然の中で育つものは子どもの心を刺激する。秋に葉を落とし一瞬枯れ木の様に見えた木々も、春になると一斉に芽吹き花を咲かせ実をつける。
この一連の過程を子ども達は自分の目で見てにおいや風を感じそして食する。自然は何物にも替えがたいと改めて感じた今日この頃である。そんな話をすると地域の方からグミの実とくわの実が届いた。私にとって懐かしい実、遠い昔子どもの頃、このくわの実を食べては口を紫色にしたものだが、今はこの実で染め物をしようと子ども達は奮闘中。

**〈土づくり〉**

冬の園庭に暖かさを添えてくれた水仙も峠を越えたので、その球根の手入れをしようと花だんをスコップで掘りおこしていたところ、子ども達が集まってきた。「先生、玉ねぎ採ってるの？　ぼく食べたことあるよ」「あっ、はさみ虫だ。だんご虫もいっぱいだ」等々。思い思いに見たこと感じたことを言っては散らばりまた集まる。「先生、このかたつむり、お家がないよ」大事そうにそっと手の中に隠し持っているナメクジ。どれどれとのぞき込み思わず「キャー～～」と悲鳴をあげたのは、何と大人の先生達だ。「気持ちわるーい」。子どもはキョトンとしている。そして大人の感覚で判断してはいけないとあわてて口をつぐむ。と同時に、この花だんもやっと虫や草が生えるような肥えた土になったかと思うとちょっと嬉しく思った。

今度はここに夏野菜を植えよう。

**〈喧嘩〉**

2か月が過ぎた。初めて集団の中に入った子ども達も笑顔と共に活動も活発になり、ヒヤッとする場面やトラブルも多く見られるようになった。特に3才頃になると、「やりたい、知りたい」の好奇心と自己主張、自己の存在アピールが急速に芽生えてくる。しかし、思いと心のコントロールがちぐはぐで喧嘩やトラブルの原因となる。でもこうした喧嘩は、繰り返し体験する中で痛みや挫折を感じ、相手もまた同じ気持ちであることに気づく。そして年齢を重ねることで、協調や仲間といる喜び、また、互いに認め合い、刺激しあいながら思いやりや優しさを育み絆を深めていく。そうした中で、友達ができていくと思っている。

大人は、とかく勝敗のみに目は奪われがち。そしてすぐ「仲良く」と言うが、仲良く遊べるまでのプロセスを体験しない限り、仲良く遊ぶことも、友達の輪を広げることも難しいのである。私は決して喧嘩を奨励している訳ではないが、喧嘩をする中で育つものが有ることを伝えたいのだ。とかく喧嘩＝いじめといった社会の風潮の中で、今私達大人ができるのは、良い悪いのけじめをしっかり伝えた上で喧嘩を見守ること(体や命の危険は阻止する)。そしてその体験を通して、子どもはゆっくりゆっくり成長していくのである。

〈ザリガニ釣り〉

先日、年長児がザリガニ釣りに出かけた。先生から餌のつけ方、釣り方など細かく教えてもらっていざ!!　それからはいろいろなドラマがあり、そして2回目は年中児と一緒に出かけた。今まで先生から教えてもらう受身の部分が多かったが、今度はそういう訳にはいかない。

年中児の要求を受け入れるには、それだけの力量が必要となる。年中児がじっと見つめる中、お手本を見せたりつくってあげたりコツを教えたりと一生懸命世話をする。自分も「釣りたい」と思う気持ちをおさえている姿がいじらしい。年長児はここで確実にステップアップ（伸びる）したのである。自分を全面的に信頼している年中児に対してかっこよく見せたいその気持ちは、伸びようとする努力そしてやる意欲につながっていくのではないだろうか。

5月の風の中、子ども達の歓声が空高くひびき、ため息は静かに何もなかった様にトーンをおとす。そんな1日であった。

このように、子ども同士で教えたり教えられたりする中で信頼感や仲間意識そして技術の伝授など個から個へ、個から集団へと人間関係の輪が広がっていく。

**〈お世話　その1〉**

2階の廊下に、去年から飼育しているザリガニがいた。このザリガニ、青泥がついて緑色になっている。子どもが「きたないね、きれいにしよう」と、水道で石けんをつけてタワシでゴシゴシ。ザリガニはその日のうちに死んだ。

**〈お世話　その2〉**

夏野菜の水やりも、当番の交替で行っている。ところがどしゃぶりの雨あがりの日、大きな水たまりを横目で見ながら野菜に水をかけていた。「今日は、おなかいっぱいじゃないのかな?」と保母の声が飛んだ。

### 〈お世話　その3〉

園庭に巣箱をかけて1年。しかし、その巣箱でなく、モミジの木にハトが巣をつくった。あのはげしい雷雨や風の中でも、じっと卵を温めている親バトに感動したが、ある日卵が下に落ちていた。それ以来、親バトはいなくなった。その代わりか、2階のベランダでスズメのひなが孵り落ちてきた。羽も随分生え揃ってはいたが、「親スズメと別れてかわいそう」と子ども達は米や小鳥の餌をせっせと運んで世話をした。数日後、親スズメと共に飛んでいった。飼育するということは義務的作業ではなく、その生き物に思いを寄せることが大切であり、また、触れる中で自然と生態を学ぶこともできる。

失敗は失敗で、子ども達にとってひとつの貴重な体験である。この体験は次に必ず生かされると信じ子どもをみつめたいと思う。

### 〈セピア色〉

日々模様替えをする田園。田に水が引かれたかと思うと田植機で「あっ」という間に田植えが終わる昨今。この頃になると私は幼い頃を思い出す。田植えは農家にとって大事業のひとつで、当日は朝早くから運送車（牛車）にビクやむしろ、昼ご飯をつんで、家族や親せき総出で出かけたものだ。父が牛のおしりをたたくと牛は静かに歩き始める。まるで父は調教師のようだった。

牛で代《しろ》をかく父。母と叔母は苗を植える。子どもの私は近くの苗場で苗を取り、母達が植えやすい様に所々その苗を置いていく仕事であった。昼ご飯は泥足のままむしろの上で円陣になって食べた。

ザリガニを見つけると父は首をひねって殺した。子ども心にかわいそうだと思った。父は「こいつは土手に穴をあけ、田んぼの水が漏れて米ができん（不作）でなー」とつぶやく。今思えばあの頃、幼くても生きることの厳しさと家族の一員としてできることは協力する。与えられた仕事に責任を持つなど、身をもって教えられたように思う。もう半世紀前のずっと昔の話。

**〈代行〉**

梅雨の合間、園庭に飛び出した子ども達、誰が誘うともなく水たまりに行き、泥水をすくったり水の道をつくったり、また葉っぱを浮かべたりと遊びはどんどん広がっていった。体の汚れも気にしない。ついに泥水の中に腰をおろして夢中になって遊ぶ。つい先日まで「ママ、ママ」と泣いていた年少児の姿である。子どもは気持ちの安定さえあれば心の思うままに行動できるもの。いつでも暖かく自分を受け入れてもらえる人と場所。それは家庭。

そして安住な家庭から保育園という未知の世界に入って3か月、今やっと先生と園がわずかな時間だがその代行ができるようになったのだ。いろいろな遊びを通していろいろな体験をする。肌で感じる心地良さは、何よりもその子を豊かにするものと信じている。

**〈山桃〉**

園庭には季節ごとにいろいろな花や実がなる木があり、子ども達に季節感を与えている。

春のこと、ニセアカシアを植えて13年、今年始めて花が咲き驚いた。また、梅雨の頃、アジサイの美しさには勝てないが、香りで勝負とばかり真っ白い花びらを大きく広げたクチナシの花、そしてそのそばに山桃の木がある。去年はあい年でひとつもならなかったが今年は赤黒い実をいっぱいつけた。そこで子ども達にこの実は食べられることを伝えみんなで採ることにした。木に登り「わー、手が赤くなっちゃった」と言いながら下でかごを持つ子に渡す。この連携プレーはさすが年長児。

「先生の小さい頃はね、グミやナツメ、くわの実なんかも食べたよ」と言うと、「へェー」「どんな味?」「う〜ん、甘い味もあるし、しぶい味もあるし」「しぶいってどんな味かな?」「からい?」「にがい?」「わかった　まずい味だよ」等々、楽しい会話が飛びかった。

さあいよいよ山桃の番が来た。「どんな味かな〜?」「梅干しみたいですっぱそう!!」「このザラザラの所は皮をむくの?」などと口々に言いながら怖々口に入れる。子どもはめずらしい味に、私は懐かしさに浸りながら午後のひとときを過ごした。

コラム

## 挨拶

朝の通勤時おはようと親子に声をかけると「ほら、おはようって挨拶しなさい」と子どもに強要する親が目立つ昨今。そんな中、中学生で野球部の生徒とすれ違う。「おはよう」とこちらから声をかけると、野球帽にサッと手をかけ少し帽子を取り「おはようございます」とテレながら挨拶をしてきた。久しぶりのさわやかな態度に心がはずんだ。

挨拶は心の潤い、心の豊かさ心の暖かさ、「ゆとりの栄養素」であることを改めて気づく。それは互いに言葉と言葉をかわす中で感じることだと思う。そこで子ども達にも挨拶をすると気持ちがいいことを、繰り返し体感させることが必要ではないだろうか。それには強要でなくお母さん自らがまず挨拶を気持ちよくかわすことから始まる。その姿はきっと子どもに伝わり、いずれ、子どもも自然に発することができると私は思う。

## 小動物との出合い

先日、ひとりの園児が登園するなり、「先生、おたまじゃくし」と言って見せてくれた。朝の集会で、この話をすると、一斉に「ぼくは○○持ってきた」「ぼくもー」と我先に話し出す。そこでみんなで持ってきたものを出し合ったらこの1か月でなんと19種類の小動物、川や田んぼ、庭先や道ばた海と捕まえた場所もいろいろ。こんな時の子どもは真赤な顔して興奮して話す。

その言葉にはほとばしるほどの迫力と説得力があった。自分の目で発見し、怖さ半分・捕まえたさ半分、そんな気持ちをおさえながらよく見極め勇気をふるって自分の手で確かめる。このハラハラドキドキが子どもの意欲や探究心を育んでいく。

また、保護者からは「カブトエビ」、地域の方から「サワガニ」などいただき仲間入りする。子ども達はこれらも飼育するために、餌などを図鑑で調べて家からもらってきたり、給食の残りを洗って与えたりしている。毎日見ていると、「元気がある」「ない」とか、「水が多い」「少ない」など、まるで小動物と気持ちが通じているように思える。もちろん、こんなにかわいがっても死んでしまうものもいる。そんな時は園庭のすみに埋め、草花をたむけていた。

そして毎朝登園するなり、まず小動物が生きていることを確かめて安心する。子ども達は飼育観察する中で、生きている喜び、成長する楽しみなど肌で感じながら楽しそうに活動している。

# 夏から秋へ

## 成長の季節

熱い日差しをあびて、子ども達はさらなる成長を遂げていく時期です。

## 〈涼を求めて〉

7月に入ると、今までしっとりと咲いていたアジサイの花も影をひそめ、代わりに真夏の太陽に堂々と立ち向かうようなひまわりに目が移る。子ども達もこのひまわりに負けないくらいたくましく遊んでいる。

さて、先日ある会合で保育園でクーラーが必要かどうか？　という話になった。それはなぜ!!　窓を開けても熱気がムンムン、気の毒だという町の保育園。

当園はどうだろうか。家庭でも車でもクーラーで過ごすことは同じ。暑さ知らずだが、園では暑くてたまらない。朝から何かひとつするごとに疲れた疲れたと連発する子どもも確かにいる。しかし、泥んこやプールなど好きな遊びになると暑さも忘れて歓声があがる。

そして涼を求めて園舎の西側へ。風が通る道を知っている。「先生、ここ涼しいよ」と言う子どもも。

その風は、緑一面の田んぼの稲を大きく波打ち白く輝かせていた。ひんやりとした風だった。私は改めて地域差があることの認識と、子どもが自然の中で感性をとぎすまし感じとる。その気持ちに感動した。
自然は何よりも子どもの心をつかんでいる。

**〈雨の中の散歩〉**

いつもとどこかが違う。雨が子ども達に与えてくれたものはなあに？　歩く時にはピチャピチャ。木の下に行くとポツン、ポツン。水たまりに映る赤いかさ。そして友達との会話。車の音もいつもより大きく聞こえる。こんな日の散歩も楽しいね。雨が上がれば、待ってましたとばかり泥んこ遊びに余念がない。子ども達にとって雨も大切な自然の贈り物。この中で豊かな感性が育っていく。

**〈無と有〉**

各地に大雨の爪痕を残して暑い夏がやってきた。朝のセミの鳴き声は、精一杯生きている証のようでもあり、また今日も頑張ろうと活力を与えてくれているようにも思える。

このセミは、何年も土の中にいて、地上で数日の命という生態は知っているものの、やはりセミ捕《と》りは夏には欠かせない遊びのひとつ。小学生が虫捕り網を持って歩いている。

一方、保育園の園庭でアリを見つけて殺していた2才児。先生が「アリさんかわいそう。生きているんだよ、○○ちゃんもつぶされたらいやだよね」と言う。それでも足でアリを踏みつぶしていた。「アリ」「セミ」共に生きる命を考えた時、私達大人はどう子どもに向き合ったらいいのだろうか……。

「有」は必ず「無」になると考えた時、「無」になる前に「有」を大切にしたい。

これは生きる植物も同じ。たとえば夏野菜を育てる中で苗は、大きく成長そして花を咲かせ実をつける。その実は色づき人に食べてもらう。やがて苗は枯れる。つまり苗は「無」となるが、世話をする過程において小さな発見や驚き、ときめき、感動……等々、子どもの心に深く刻み込んだ。まさに「無」になる前に「有」を大切にした毎日であった。

**〈動く〉**

雨の日曜日、私は久しぶりにゆったりとした自分の時間を過ごしていたが、ふと気づくとすでに夕方近い。遠くで車の音がほんのかすかに聞こえたが、町全体がしっとりと落ち付き音がない。「無色透明」のような時が流れる。

先日新聞の欄に養老孟司先生の言葉が載っていた。「動く」ということは、新しい感覚を知ることです。空間を移動して、普段とは違うことを体験すると、脳は活性化されます。たとえば、景色が変わる、鳥の鳴き声を聞く、突然の雨が降る、肌で冷たいと感じる。感覚が変わることで、脳も動き、人が本来持っている感性を取り戻せます。動きだすことで、心も動きだすわけです……。（抜粋）この文章を思い出していたら小鳥のさえずりが聴こえた。動きだした、町も私の心も動きだした。

**〈海〉**

「海で遊ぼう」と勇んで出かけた子ども達。「あさりを捕ろう」「カニを探そう」と気持ちが高鳴り、おにぎりもそこそこに浜に出た。

始めから最後まであさりを取る子、あれこれと興味ばかり先行し落ちつかない子、何をしていいのかわからず先生の後ばかりつく子、あまり関心もなくすぐ休憩する子や砂いじりをする子、また、ひとりで黙々と岩の下をのぞいては真剣にカニを探す子と様々な子どもの姿が一度に繰り広げられた。先生達はその一人ひとりに対応し援助していた。こうして3時間あまり、思い思いの体験をいっぱいして帰った。降園時、「わぁ。すごいあさり、晩のおかずね」「やだー、カニばかり。どうするの?」「なにー? 何も入ってないじゃない」と、これまた様々な親の声。目先のことだけでなく、家に帰って、子どもの話をしっかりと聞いてあげることが親にとって大切なことではないだろうか。

**〈20年に1度のまつり〉**

先日、内宮領川曳を見に行った。この川曳は、御用材を木ぞりに乗せ、五十鈴川の中を曳き、神域へと奉曳するのである。

各町内がそれぞれに、「木遣り歌」を歌いながら老若男女が一丸となり水しぶきを上げ、網をひく。
「20年に1度のまつり」親から子へ孫へと受け継ぐ瞬間である。

## 〈交流〉

去る17日、年長児が町のA保育園と交流会をした。「友達つくろう」の目的であったが当日はあいにくの雨。そこで泥んこ遊びをしたが、各園それぞれ子どもの姿が違う。

遊びのダイナミックさ、汚れたものの後始末や着替えなど手早く行う当園の子ども。ところがA保育園の子に「あのね、○○しよう」とか「好きなものってなあに？」などいろいろ話しかけられたり、質問を受けると、「頭をかしげて言葉がでない」「……」「……？」。A保育園の子ども達は社交的であり、人みしりをせず自分の考えを率直に言葉に出すことができるのである。

当園の子どもは規模が小さいためか、みんな心が通じる「阿吽」の中での環境にいつもいる。よい悪いの問題としてでなく、「自分が思っていることを相手に伝える」

これはとても大切であると思う。日常生活の中で子どもが選択する機会を多く提供し、「自分の意志を確かめ伝える」、こんなコミュニケーション能力が必要ではないだろうか。この夏はチャンス。お客様を迎えたりまた出かけたり日頃と違う出合いがある。まず挨拶から頑張ってみよう。

## 〈お母さんの宿題〉

夏は子ども達にとって一番嬉しい季節、暑いけれどそれ以上に楽しみが多い夏。休みは多いし遊びは盛り沢山。時間はゆっくり流れ気持ちはゆったり。

でも、保護者にとってはますます生活はめまぐるしく忙しくなる。「あれはダメ、これはダメ」「はやくしなさい。○○したの?」の小言の連発。そして最後に「いいかげんにしなさい」でピリオド。これで1日が終わってしまう夏休みはちょっと淋しい。いつも上から指示ばかりされる子どもの目線になってはどうですか? 大きなイベントもいいが、毎日「ここだけは、子どもと一緒にやろう」というお母さんの日課表をつくったらどうでしょう。

たとえば「夕方必ず散歩にいこう」とか「寝る前に必ず本を読んであげよう」など、お母さんも子どもも負担にならないことを毎日続けるのはどうだろうか？　お母さん自身もチャレンジャー。続けることの大切さと難しさ。子どもの心にそっと寄り添って共に充実した休みにしませんか。

## 〈蜂騒動〉

今年の野菜は近年にない豊作で、葉は青々と栄養もたっぷり。キュウリ、ナスなど有機栽培で、色、型とも一級品、枝ぶり葉ぶりは特級品であった。子ども達といっしょに大きくなったキュウリを収穫しているところに蜂が飛んできた。

「あっ蜂だ！　逃げろ」「バカ、あわてると刺されて死ぬぞ、そっとしろ」「どっかに巣があるかもしれんで。探せ」など、突然のハプニングに保母よりも先にリーダーシップをとっている年長児。「随分たくましくなったな」と子どもの成長に嬉しく思った。蜂騒動が終わって一息つくと、ある園児が、

「先生、お母さんが蜂よりハエの方が怖いって。だってハエはおなか痛くするけど蜂

は蜂蜜つくってくれるもん」なるほど!! 見方はいろいろ。

今度、蜜蜂とそうでない蜂の区別を、機会をとらえて与えようと思う。

**〈対話〉**

先日、名古屋に出かけた。久しぶりの友とあれこれ車中で話をしていたが、ふとまわりを見て驚いた。学生や通勤の人でほぼ満席であったが、見れば寝ている人、携帯電話でメールやゲームをしている人、イヤホンをつけて何かを聴いている人、誰ひとりお話をする人はいなくて、シーンとしているのにびっくり。ひと昔前は、人の迷惑も返りみずキャッキャとおしゃべりする学生に、「今時の子は」と思ったものだが今は全く逆である。

また、テレビでインターネットを通じ園の活動内容と子どもの様子、そして給食の献立まですべての情報が一斉に各家庭に入り便利だと放送されていた。一見便利ではあるが園と保護者との関係はどうであろうか？

一方的に流れる情報は園の意図とする内容や目的を、それぞれ受け止め方考え方の違う中で理解して頂けるのだろうか。電車の中も含め、今は自分の肉声で相手の目を見て相手の気持ちを汲み取りながら対話する。そんな心と心のキャッチボールが少ない様に思う。本当にこれでいいのだろうかとつくづく思った。が、園に出勤してみれば、さわやかに「おはよう」と、声をかけあう保護者の姿を見てホッと安堵した。

〈セミ〉

日中は、日差しがつよくても朝夕の風に秋の訪れを感じる今日この頃。子ども達は、この夏をどのように過ごしたのだろうか。

縦割（異年齢）で小学校の校庭にセミ捕りに行った。どういうわけか一列に並んでミーミーないているセミを、保母がむきになって捕っている。年上児も「先生には負けない」と捕り始める。年下児は、捕ってくれたセミをこわごわ覗く。特に年少児のN君、見たいし怖いしの心の動きを察して保母は、セミのぬけがらを持って、「このセミ、動かないよ、さわってごらん」「イヤ怖い」といって逃げた。次に保母はそのぬけがらを自分のエプロンのポケットに入れた。そして、

「N君、いいものあげる。手を出してごらん」の保母の言葉に、何をくれるのかな？興味深く先生をみつめる。保母はN君に見えないように、そして大事そうにそーっと手のひらにのせた。「ほらっ」「あっ!!」ぬけがらが手のひらでジーッとしている。驚きと、動かない安堵感、「ニヤッ」と笑い、先生と目を合わせる。「ねえ、怖くないでしょ」「うん」それからみるみる変身。室内で捕ってきたセミを放し追いかけっこ。歓声をあげて遊ぶ。生きているセミもさわれるようになった。

年上児が「もう逃がしてやりん、セミだって自由に飛びたいよ」と言った。充分満足したのか、窓からパッと手を放したN君。「セミちゃん、ちゃよなら」セミは嬉しそうに飛んでいく。たった2時間の出来事だが子どもの成長に目をみはった。

〈評価〉

夏季講習の中で「どんな子どもになってほしいか」というアンケート結果があった。親、教師共に「心優しく素直な子」「迷惑をかけない子」を一番に選び、全体の77％を占めている。一方で、「勉強ができる子」はわずか5％にも満たない。しかし、話し合いの場に入ると、学力と塾の話ばかり。目に見える学力と見えない学力の中で、誰しも見えるものに目は奪われがち。私はこの講習を終えて、子どもを見るには様々な異なる視点が大切だと思った。ひとつの行動を長所と見るか短所と見るかで随分関わり方が違う。たとえば左図のようである。特に幼児期は人間形成の最も大切な時である。一人ひとりのありのままの子どもの姿が基準であり、そこからどれだけ頑張っているか、○×ではない型として現れないものにもその子の評価でありたいと思う。もう一度じっくりゆっくり長い目で見てみよう。見えないものが、きっと見えてくると思う。

プラスイメージ　⇔　マイナスイメージ
好奇心が強い　⇔　集中力がない
意志が強い　⇔　強情
優しい正直　⇔　おせっかい、自分本位
楽しいおもしろい　⇔　調子にのりやすい

活動的　⇕　じっとしてないゴソゴソする
無邪気純粋　⇕　わがまま

**〈暑い夏〉**

昨年は、天候不順のため か冷夏で7月中旬からアキアカネが飛び、8月の雨あがりにやっとセミが鳴く。夏と秋の同居で夏を探すことが多かったが、今年は「暑いねー」が合言葉。子ども達も土が熱くて素足ではいられない。おまけに水不足でプールもままならない。でもこんな暑い日だからこその楽しみがひとつあった。それは毎日の気温を測ること。「日陰は38℃、土の上は42℃、ベランダは49℃」というように、全身汗をふき出しながら、あちこちで温度計を覗いている。そんな中、保母の提案で「目玉焼きつくろう」と実験がはじまった。アルミ箔をお皿の型にして玉子を入れるグループと、鉄板でおもちゃのフライパンに入れるグループに分かれた。置き場所はそれぞれ考え、車のボンネットの上に置く子もいる。

子ども達は「できるかな～どっちがはやいかな～」と、ことあるごとにのぞきこむ。

「あっ、まわりが白くなった」「わぁ！　本当だ、すごいね」勝敗よりも驚きと喜び。はじめての体験。子ども達の目は輝きそして興奮はしばらく続いた。
　ところで先日小学校のプールに行った。時々入る園内のプールでは怖々していた子が、他のお友達が楽しく遊ぶ姿を見て、突然背の立たない所へ飛び込みをした。バタ足で必死になって保母がいる所まで泳いでいった。私達から見ればすごい勇気がいったと思うが、これは自分自身が「やってみよう」と思っての行動だから、本人にとっては勇気というより、ただ「やった」満足、「できた」喜びでいっぱいだと思う。この子は、この夏にチャレンジすることの喜びを体験した。

**〈私もチャレンジ〉**

　私は趣味で少しの間陶芸を楽しんだことがあった。自由に土をこねながら「何をつくろうかな～」と想像しながら、この時間は家のことも仕事のことも忘れひたすら自分だけの世界に浸っていた。が、ふと子ども達の姿が頭をよぎった。
　そうだ子ども達も粘土が大好き。いつも遊んでいる油粘土でなく土粘土にさわらせてみよう。
油粘土とは感触も違う、そう思うといても立ってもおれず早速土粘土を購入した。
そうだ、ただ造るだけでなく素焼きをしてみよう。

まず必要なものは
・もみがら・わら・木切れ・トタン

焼き方
①地面を少し掘る
②作品をおく
③もみがらをかぶせる
④わらをおく
⑤木切れをおいて2時間位燃やしつづける
⑥トタンをかぶせてむし焼きにする

結果
作品は黒くなった。
原因
温度が低い。

あ～失敗。子ども達にごめんなさい。

※今はオーブン粘土が有り、自宅で簡単にできるとのこと。

### 〈自立と甘え〉

先日、こんな話を聞いた。小学1年生の女の子。日頃から「しっかりしている子」として近所から評判である。ある日、学校で転んで保健の先生にバンドエイドを貼ってもらい処置してもらった。次の日その子は、母親にバンドエイドを貼ってほしいと言ったが、母親は「それくらい自分で貼りなさい」と答えた。女の子はその日から登校を渋り不登校気味になった。今まで元気で当たり前のように自分でやっていた子なのになぜ？　どうして？　と母親は悩む。

あなたならこの女の子が「貼ってほしい」と母親に言う言葉の裏の心理をどうとらえるだろうか。

**〈夏の思い出〉**

8月の終わりに提灯祭りに出かけた。お宮へ続く細い路地に、肩を並べ背中合わせで所狭しと軒を並べる屋台。それぞれの店はどこよりも目立とうと、色派手やかにピカピカ光っていて親子連れでごった返していた。

私も童心に返り、心ワクワクしながら見入っていた。と、その中に風鈴屋さんを見つけた。この店の前は人もおらずみんな素通りをしていく。

思えば、私の子どもの頃は暑い時は暑いように工夫をしていた。庭に打ち水をし、風鈴の音と共に風を感じ、そして家の中でも風の通り道を探して昼寝をしたことを思い出す。

今は自分の思い通りに室温設定ができ、暑さ寒さ知らずに快適に過ごすことができる。セミの鳴き声で暑さが増し風鈴の音に涼を求め、ツクツクボウシで夏の終わりを感じる。そんな季節を体全体で感じとるのは昔の人だけだろうか。

コラム

## 核は家庭

ある研修会に参加した。その時「魚って骨があるの？」と聞く子どもがいるとのこと。また、切り身が海の中を泳いでいると思い込む子ども達も多いとか。「そんなバカな」と笑って聞いていたひと昔前。

今、デパ地下で、いろいろな果物がサイコロ切りにされて１００ｇいくらで販売されている。購入者にインタビューすれば、

①好きな物を好きなだけ買うことができ便利

②切る手間がかからない

③残飯やゴミがでない……

なるほど合理的。でも魚ではないけれどほんとうはどんな形？　考えてみればメロンやスイカは丸、でも今は四角もある。ではカキは四角形、でも丸も五角形もある。「こうあるべき」というのはないが、でもやっぱり本来の姿が核となりそこから枝葉が分かれてほし

いと思う。

では子育ての核は？　それは家庭。

## ある研修会で!!

両親は、かわいい我が子が立派に成長するよう、「頑張ればできる」と熱いエールを子どもに送り続けた。子どもも、その期待に応えようと頑張った。でもある日突然、「したいけどできない」と子どもは言った。それでも親は、「何とかしたい」という気持ちには変わりなく、「できない」「頑張れ」の親子のつな引きが始まった。無理することはますます子どものエネルギーを消耗させ、「0」になった時に不登校やひきこもりになってしまう。大切なのは、本心と本心を語れる親子関係。

「大丈夫」「それでいいんだよ」と親に受け止められているという心の居場所が必要である。親の「頑張れ」「よかれと思って」は子どもの「迷惑」。できないことができた時、認めることが大事。

この研修を聞いてこの着地点にたどりつくまで親も随分悩み苦しみ、試行錯誤しながら子どもと向き合い、そして長い時をかけて「信じて待つ」。そこから出発するのではないだろうかと私は思った。

## 読み聞かせ

ある保護者が「保育中そっと子どもの部屋に入って用事をすませたが、誰ひとりキョロキョロせず先生の話を聞いていたのはびっくりした」と言う。

また、他の人も「こんなに静かで驚いた。あれで乳児（2才児）さんもいたなんて思えない。強制しなくてもなぜ？」と聞いてきた。

読みきかせを始めるきっかけは、ある会合で老人が「わしらの子どもの頃はよく火鉢囲んで聞いたもんだが、今の子どもは『聞かせて』と言う子もいなきゃー話す場所もない」と言っていた。テレビ、ビデオいつでも好きな時に好きなものを見ることができるが、これは一方的に流れる機械音声。老人の言うように肉声で語りかける場はない。

そこで「今日のお話なあに」という時間を設けて数年がたつ。子ども達は徐々に関心が深まり年上児の聴こうとする雰囲気に小さい子も自然と溶けていく。

子どもの様子をみながら子どもに合わせて肉声で語りかける、それは肉声の優しさとぬくもりではないだろうか。

家庭においてもちょっとした隙間時間をみつけて（時間は短くても大丈夫）無理せずコツコツ。

きっとお母さんの温かさがジワ〜と伝わるでしょう。

# 秋から冬へと

## 豊かな実りとともに

運動会やグルメ大会、行事が多くなる季節でもあります。子ども達も、食欲？だけでなく、心身ともに充実した時期になってほしいものです。

## 〈休み明け〉

連日30度を超す猛暑に不快感が増す。9月イコール涼しい、さわやか、過ごしやすいをイメージするからだ。これが8月だったら納得するのに、こちらの受け止め方で快にも不快にもなる。ところで、「もう9月なのにまだ泣く」そう思うと「イライラ」「どうしていいかわからない」「言葉は優しく、目は……。」子ども達にとっては長い休みからちょっとつらい月初め。でも4月とは違って園のリズムはすでにつかんでいるので、取り戻しも早いと思うが落ちついて子どもをみつめてみよう。「泣く原因は何か」を見極めることが第一。それが①甘えやわがままの場合②ゆったりと気ままな生活の方がいい場合③何かに不安や不満を感じている、など様々な要因が重なっていると思う。ある雑誌に、子どもの欲しがる物を買い与え、したいことをさせ、嫌がることはさせない「何不自由なく育てた」と言う親。社会人になった時、「何不自由なく育った者ほど不自由する」と書いてある。今、子どもにとって何を受け入れ、何を排除し、どこを我慢させるかじっくり考えたいと思う。

## 〈運動会　その1〉

私達は、行事をひとつの区切りとして考えず、成長していく過程の中の一場面を発表する場としてとらえている。

従って、その場がすべてではなく、まだこれからもそれをステップに成長していく出発点であると思っている。

運動会を終えての遊び方を見ていると、今まで砂場のおもちゃが主流であった年少児がボールを持ち出し、けったり転がしたりして遊び始め、年中児は、早速竹馬に乗ろうと必死になっている。

こうして見ると、特に遊びは与えるものでなく、子どもから子どもへと伝承していくものだとつくづく感じる。年上児の遊び方を見て「やってみたい」という意欲を大切に見守っていきたいと思った1日であった。

## 〈運動会　その2〉

日頃の練習成果を発揮し元気いっぱい頑張った運動会。特に年長児の竹馬は涙ぐましい努力の結晶である。

足の皮がむけて血がにじむ。「少し休んだら?」と声かけしても「もっとやる」とバンドエイドを貼ってまた臨む。こうしてコツコツと毎日の積み上げで苦しい時の峠を越え、今は楽しい遊びとなっている。そしてまた新たに次の目標を決めて挑戦をはじめた。

### 〈運動会　その3〉

9月は「運動会に向けての活動」が多かったが、三校(保・小・中)合同運動会を体験したことによって絆が強くなった。園庭では異年齢でリレーの再現をし、一方では年長児と年少児が「ブランコのふたり乗り」を楽しんでいる。

こうした年齢の枠を越えての遊ぶ姿は、見ている人の心まで温かくし「和」が広がる。

## 〈感動をありがとう　その1〉

かけっこと違い、リレーは仲間としての勝負である。あるグループに走ることが苦手な友達がいた。すると、そのグループのひとりが「〇〇ちゃんのために、ぼくが頑張るからね」といって走り出した。勝敗よりも誰かのために頑張りたいと言った園児の心の温かさ、優しさに感動。勝っても負けても一等賞。

## 〈感動をありがとう　その2〉

いつも練習時は一度も皆と練習をせず、築山に登って上からクラスの練習を見ているA君、並ぶことも演技することも走ることもせずただ見ている。しかし、当日大勢の保護者が参観する中、突然並び演技をする、そして走る。驚いたのは子ども達や職員であった。「え!!」思いもよらない行動にこちらの方が戸惑ってしまう。しかし、子ども達は「すごい」。すぐに席を空け、受け入れる。特にリレーでは、体験もなくコースもわからないA君にサッと手を出し、引っぱって一緒に走ってあげていた。これを見ていた子どもも大人も、一斉に歓声と拍手が湧き起こった。

目も潤み心が震えた一時であった。

〈**感動をありがとう　その3**〉

あるクラスの子ども達は、どの子もニコニコしながら運動会の練習を楽しんでいた。ところが目標を少し高くすると「えー!!　そんなのできるかなー」と言いながら練習を始める。当然のようにひっかかったり落ちたりとなかなかできない。そのうちに子ども達の顔つきが変わってきた。もうヘラヘラ笑う子もいない。汗びっしょりで真顔だ。何度繰り返しただろうか。やっと「できた、飛べた」と歓声。それからは、もう運動会の練習ではない。子ども達は自分自身の目標に向かってチャレンジする前向きの心に切り替わった。雨の日も廊下にマットを持ち出す始末。そして運動会が終わっても、まだ熱き心は燃え続けトライしている姿に感動。

〈**残念な出来事**〉

去る9月13日、好天に恵まれての運動会。子ども達も力一杯頑張りました。保護者の方の熱いエール、ありがとうございました。特に、毎年入場門に保護者の方が大勢いらっしゃるため、園児の入退場に苦労しましたが、今年は皆様の協力でスムーズに進行することができました。

ただひとつ、残念なことに休み明けに片付けをしていると、何か異様なにおい。見るとゴミ箱にオムツが……。中には大便付きオムツも。数えるのもいやになるほどゴッソリ入っていました。これにはほとほとガッカリ。

あんなに子ども達が頑張っていたのに、一部の保護者のために一気に不愉快になりました。

子ども達は日々何気ない親の姿を見ています。しつけが大事と改めて教えることも大切ですが、毎日の生活の中で、子どもは親の後ろ姿を見て育ちます。

〈ノーベル賞〉

先日、野依良治教授（名古屋大学特別教授、名城大学客員教授）がノーベル賞を受賞した。その先生が「若い世代へ」とメッセージを贈った。

『小学校の頃のぼくは、いつも放課後に道草をして裏山で遊び、なかなか家に帰らなかった。「宝探し」と称して友達が隠したものを探したり、木の枝を折ってチャンバラをしたりと、勉強は二の次。野山で遊んだこの体験が、ぼくにとっての生き方の根源になっている。

人間は、人生80年をどう生きていけるかが問題だ。自分の足で自分の力で生きていく。その力を小さい時から養ってほしい。

人生を豊かに生きていくためには、知性や感性、技術、体力など様々なものが必要。そのためには若い時代に広い自然の中でひとりで生きていく力をつけることが必要だと思う』と書いている。

中日新聞「自然に学び人生豊かに」抜粋。

〈ハト〉

台風19号は園庭のニセアカシアの太い幹を無惨に折って去っていた。翌日まだ余波を受けてか風の強い1日であった。そこへ2羽のハトが飛んできて大きくゆれる枝にとまる。とまったかと思うとすぐ飛び去りまた飛んでくる。そんなことを一日中何度となく繰り返していた。夕方近く、木の根元にヒナ鳥が落ちて死んでいるのを発見。何とも言えない痛ましい姿。「そうか。あれは親鳥だったんだ。ヒナを探していたんだね」そう思うと急に胸が痛む。

ただ必死になって子どもを探し求める親の愛を痛切に感じると共に、私達の力ではどうすることもできない自然界の厳しさをまざまざと見せつけられた日であった。

**〈退園〉**

子どもが退園する。家庭の都合とはいえ、担任にずっと甘えて離れない子ども。友達から寄せ書きなどもらう。夕方、母親が迎えに来た。母親も涙を浮かべ、子どもも泣いて先生方もハンカチで目頭を押さえていた。その後、保母の背中におんぶされて駐車場まで送ってもらう姉と、真ん中にはさまれて両手をつないでもらう妹。背中のぬくもり手のぬくもり、それは子どもと先生の心のぬくもりでもあった。こんなに気持ちがわかり合える子どもとの関係に、私は心打たれた。日頃「体験と思いをよせるぬくもりある保育園」を目指している私達にとって「息づいている」という実感を肌で感じとてもうれしく思った。

## 〈自転車〉

この地区も一段と交通量が増え、時々救急車が走りぬけていく。私が通勤途中によく見る光景、それは自転車の高校生。携帯電話をしながらの片手運転で混雑している車の横を右に左にとスイスイと通りぬけていく。また、道路の中央線の上を縦一列に5、6人が並び悠々と走る姿も見る。

両方共、個人、または仲間だけのことしか頭になく、相手（車）、状況判断（危険）などを全く無視しているように見える。勿論すべての高校生ではないが、「一人ひとりの個を大切に!!」という風潮をはきちがえた教育になってしまってはいないだろうかと思う。私は個を大切に、そして自己主張、自己表出をしっかり認めながら、社会の一員として生活するモラルを見極める目や視点が大切に思う。その役割は家庭でのしつけではないだろうか。

〈傘……〉

先日出張で東京に出かけた。午後よりどしゃ降りの雨、思わぬ雨でコンビニで傘を買う人が多い。1本525円。帰り、新幹線のゴミ箱に数本の傘が捨ててあった。今、世界中が金融危機でパニック、景気はどんどん悪くなるばかりの中で、この無惨な姿に一抹の虚しさを感じた。

〈待つ子ども〉

実りの秋となり子ども達の心も体も随分たくましくなった。朝の登園も門から「いってきまーす」「いってらっしゃい」と、手を振りさわやかに別れていく子ども達。お母さん、子どもは自立しようと頑張っているから、もう後からついていかなくても大丈夫。お母さんの気持ちはわかるが、その時、その瞬間を大切に見守ってあげよう。また、日に日に日没が早くなる。特にフルタイムで仕事をする方にとっては、気がかりな季節となってきた。暗くなれば子どもも心細く迎えを心待ちにしている。お母さんが大変な時は子どもも大変、我慢しているのである。

**〈模擬遊び〉**

夏、年長児にとって思い出深いお泊まり保育の夕食に流しそうめんをした。その時に使った青竹が砂場のおもちゃに変わり、道になったり滝になったり、そして、またトンネルになったりと、子ども達の遊びの輪をぐんぐん広げていた。

ところが、先日遊戯室の増築のために生コン車がきた。子ども達は間近に見る工事現場に興味津々。次の日、あの竹に砂が入りザラザラと下に流す。下では石を持ってトントンと木をたたく。どうやら大工さんのつくった木のわくにコンクリートを流しているようだ。「もっともっと！　ハイ、ストップ」「もう一度」など、子ども達はいつのまにか工事現場を再現して遊んでいた。「環境がこれほどまでに子ども達にコピーされるとは」と思うと、日々の私達の言動の大切さをつくづくと感じた。

**〈これが命です〉**

先に、「無」と「有」のところにも示したが、幼い子どもにどう命の大切さを伝えたらよいのだろう、と思っていた。

毎年、野菜や花を植え小動物を飼育する。

植物も虫も実際に目で見て触れて生や死を体験している。しかし本当に感じとるのはどうしたら？

そこで今回「ふれあい移動動物園」を園に招き、小動物と触れ合う中で、「今生きている」という実感、「生きている」ぬくもりを感じとってほしいと思い計画した。

当日、園庭にはモルモット、ヤギ、ヘビ、トカゲ、リクガメ、ウサギ、カモ、ひよこ、ニワトリなどいろいろな動物が来た。そして、一気にミニ動物園に変身した園庭に子ども達は大喜び。

トカゲやヘビはこわごわ遠くから見る子や、ちょっと触れてみる子などいろいろ。ところが時間がたつにつれて慣れてくると、ひよこを手のひらにおいて、「わっ、やわらかーい。フワフワだよ」。ヘビを首に巻いて「冷たーい」と言いながら、こわばったり笑顔になったり、あちこちで驚きや歓声が繰り広げられていた。

その時運良くニワトリが卵を産んだ。係のおじさんから「さわってごらん」と手渡された時、「あったか〜い」とひと声。その声に「私もぼくも」と殺到する。子ども達は思う存分、いろいろな動物に触れ合うことができた。

最後に聴診器で自分の心臓の音を聴き、そしてモルモットに聴診器をあて、心音を確認した。

ここで始めて、「今生きていること」「命の尊さ」を身をもって体感したことと私は思う。

## 〈弟への対応〉

お祭りごっこ、遠足、祖父母オリエンテーリング、どれをとっても秋の自然の中で充分体を動かし、そして園内とはひと味違う環境の中で心もワクワク、文字通り心身ともに充実した月であった。

そうした中で特に感じたことは、絵本の貸出日でない日に、絵本をめぐっての年長児Sちゃんとその弟、そして保母との関わりであった。

弟のA君は、どうしてもアンパンマンの本が借りたくて本棚から持ち出した。保母は「また、今度ね」と言い聞かせているが、A君は「イヤ」といってだだをこねる。

それを見ていた姉のSちゃんは、パッと弟の持っている本を取り上げ保母に本を渡した。そして、泣きわめく弟をすぐだっこして他の場所に連れて行き、少しの間ギュッとだきしめた。弟はじきに泣きやんだ。年長児の姉が大人の気持ち、弟の気持ちをとっさに理解し判断しての行動（姿）には、保母も感心した。

この行動はどこから来るのだろう。おそらく母親などの日頃の接し方からであろう。子どもは教えるのでなく、見て学ぶものだと痛感した。

### 〈落ち葉〉

ある秋の日、園庭の小さないちょうの木も一人前にきれいに色づき、子ども達の心をなごませてくれた。今日も子ども達は外へ飛び出し、落ち葉拾いに精を出す。顔より大きなプラタナスの葉を拾い、「ちぇんちぇー」といって顔を見せたりかくしたりする2才児。葉っぱをお皿やイチゴ、お花にみたててのごちそうづくり。頭には冠がのる。たった1枚の葉っぱだけど、こんなにも子どもを笑顔にし、会話を弾ませ、感性を豊かにさせるとは。人と自然とで心が溶けあった一瞬である。

## 〈食育〉

社会環境や生活様式の変化（核家族、豊かな食品と食生活、寝ない町）により、栄養の偏りや人と人との関わりもなく、いつでもどこでも自由に食べることができ、そして四季も感じず食に関する伝承もない。そう思っていたところ先日、満90才になるおじいさんから、「わしのつくった里芋を子ども達に食べさせて」と言ってわざわざ持ってきた。せっかく丹精こめた里芋を、給食のおかずの中に入れてしまうのはもったいない。おじいさんの気持ちを伝える食べ方はないものかと考えた末、昔十五夜になると里芋を皮ごと蒸して、それを「ツルッ」と皮をむいてしょうゆや甘味噌をつけて食べたことを思い出した。そこで早速おやつにそれを出してみた。子ども達は「やだー、皮がついている」「たわしみたい」「気持ち悪い」と初めてのおやつに目を白黒。それでも食べ方を教えてもらい口に入れる。「おいしい」という声が返ってきた。そして、昔ながらの食にも関心を持ちはじめ話題が広がる。甘い菓子ばかりでなく、こうした素材をそのまま生かした食生活もいいものだとつくづく感じた。

**〈カレーグルメ大会〉**

先月は、小さな集いがいくつもあった。その中でカレーグルメ大会は新しい企画で、縦割（異年齢）クラスで考えた「オリジナルカレーづくり」である。いくつかのチームに分かれ、保母と共にいろいろ意見を出し合い材料を決める。保母も「これ大丈夫？」と不安もあったが、子ども達の意見を尊重し一歩下がった。牛、ヒレ、シーフード、にんにく、バナナ、トマト水煮、りんご、ヨーグルト、桃缶、山芋と「えっ！！？」と思う食品も入り究極のカレーの出来上がり。そして秋晴れの空の下、タイヤの山のてっぺんで食べた。もう最高においしかった。

審査員は職員室と給食組。そして審査委員長として小学校の校長先生にお願いし公平かつ厳重に審査した結果、

✼元気モリモリにんにく賞　✼ピリッとからい大人風味のトロピリ賞
✼トマト娘のハッスル賞　✼ヨーグルトの入ったまろやか賞
✼家族だんらんホット賞　✼海の香りがするしおから賞

以上、一日中笑い声が絶えない園庭であった。

## 〈沖縄のサクラ〉

ある研修会で隣に座った保母は、袋いっぱい紅葉した落ち葉を持っていた。その保母は沖縄の人である。「沖縄には紅葉がないので、子ども達に本物を見せてあげたい大切なおみやげです」とのこと。

先日、沖縄に出かけたことを思い出す。北海道は雪なのに、ここは夏。27℃もある。緑がいっぱい、ブーゲンビリアやハイビスカスが色とりどり咲いていた。紅葉はないが、桜の木には葉っぱがない。不思議。地元の人に聞くと、「来年花を咲かせるために緑の葉であっても身を引いて落ちる」とのこと。すごーい。なんと潔いのだろうか。この桜ですら、生きていくためにはその風土に自分を合わせて自然と調和する。この葉を人にたとえるならば「次の日のために、誰かのために身をひく」または自分を他に合わせることなど、「生きるとは」といったものが、凝縮されているように感じた。人も動物も植物もみんな生きる原点は同じに思えた。

コラム

## 充電期間

私達は「一人ひとりの子ども達が自分の体験を基に、たくましい心と身体」になってほしいと願い援助している。勿論、その子、その子の伸びるところや時期は違う。大人にとって、「これだけやってあげる」からこれだけの答を出してほしいと願っても思うようにはいかないもの。1＋1が3になる時もあれば、マイナス1になる場合もある。毎日毎日の時の流れと共に、薄皮をはがして成長したかと思えば、またその皮がはりついて行きつ戻りつしながら。

それでも子ども達は少しずつ確実に脱皮していく。私達はこうした子ども達を見る時マイナスは「今は力をたくわえている充電期間」と思い、そしていつかその力が発揮できるよう長い目で援助していきたいと思っている。

## リモコン

あるテレビ番組でリモコンについて放送されていた。「家庭にリモコンはいくつあるか？」という問いに、テレビ、エアコン、オーディオ……少なくとも10個近くはある。「もし、リモコンがなかったら」の実験が始まった。まず、テレビのスイッチONに、「面倒くさいなー」のひと言。チャンネルを変えるにも「あーあ面倒くさい」。エアコンを入れれば寒いの暑いの温度調整にいちいち立たなければならない。面倒くさいの連発。だんだんストレスになり、家族のイライラがピーク。

ところが、それを通り過ぎ、あきらめると寒い時は1枚着て暖をとり、テレビのチャンネルもジャンケンをして変えるなどコミュニケーションをとり始めた。便利な時は、家族の中でもそれぞれが個であり、それぞれが自己中心であり、思う通りの快適な暮らしができるのが当たり前。

それが、不便を通して今思うこと、それは家族との対話と、家族に対して「ありがとう」と素直に言えること。文明社会の中で、とかく見失いがちな生きるたくましさや人間らしさを呼び覚ましてくれる大切な一場面を垣間見た。子育てにおいて、リモコンはない。只々家族の愛に委ねられている。

# 冬そして春

## 〝寒さ〟を〝元気〟に換えて

めっきり寒くなるこの季節。子どもはそんな寒さも吹き飛ばす元気で、成長の一助とします。

### 〈英語であそぼ〉

「英語であそぼ」の保育活動を年長児、年中児を対象に始めた。講師はもちろん、外国人の先生。この先生は日本語があまりわからないので、子ども達にも全部英語で話しかけている。ジェスチャーをしっかりつけ、体全体で表現している姿に、子ども達もいつしか吸い込まれていく。本場のヒアリングに慣れていない私は、何でもカタカナに直訳しなければわからない。でも子どもはごく自然に、何の違和感もなく言葉が通じなくてもハートで遊んでいる。講師の先生が帰ったら「先生、すごいよ!! 日本の歌と外国の歌、同じだったよ」と、とてつもない発見をしたかのように勇んで飛んできて教えてくれた。「えっ、そうなの。よく気づいたわね」

### 〈約束〉

ある中学生が母親に手紙を書いた。「お母さん、なぜ私が勉強しないか知ってる？小1の時、私が『遊ぼ』と言ったら、お母さんは『宿題が済んだらね』と言った。だから、次の日は学校から帰ってすぐ宿題をやって、お母さんが仕事から帰ってくるのをずーっと待っていた。それなのに、やっと帰ってきたお母さんに『遊ぼ』と言ったら『今日は疲れているから』と言われた。私はその時から勉強をやめた」たぶん母親は、自分の気持ちだけで何気なく答えたのだろう。この率直な言葉に、ふと我にかえり反省すると共に、私達大人に一石を投じ「本音で向き合うこと」を教えてくれた。この手紙は私の心に深く刻み込まれた。

**〈おばあちゃんの話〉**

ある日曜日、朝から一日中パパとママと出かけた孫が帰ってくるなり、「ねえばあば、遊ぼ」と言う。「今日は、パパとママと遊んだでしょ?」と聞くと、「何も遊ばなかった」と言う。

よくよく聞くと、「公園に行ったけど、パパとママは椅子にすわっているだけ。後はお買物だから遊んでいない」と言いきる。

子どもにとって、車で遠くの公園に行くより、近くでもいいからパパとママと一緒に遊びたい。子どもが求めるものはパパとママの笑顔。パパとママの心がぼくに向いているか、である。子どもは小さくても親の心を肌で感じている。それはパパ、ママにとってお金を使うことではない、暇をさくことでもない。只々子どもと一緒に遊びを楽しむことから始まる。

## 〈自立と依存〉

先日、年長児といっしょに山登りをした。展望台につくと、「先生、心が癒されるね。登った甲斐があったよ」と声をかけられた。大人のような言葉に、思わず口をあんぐり開けてしまった。思えば入園当初は、「いやいや」と、毎朝母親にしがみついていた。あの頃が遠い昔のようでもあり、今にも手の届きそうな昨日のようでもある。そんな大きくなった子ども達だが、時には「甘え」てくる時もある。「甘え」は、心の安定を得るためにどうしても必要な栄養素。「甘えは、心のエネルギーの充電機」。ふっと膝に入り、また飛び出す。その繰り返しの中で子どもは一歩一歩自立していく。その膝元は家庭であり、家族であり、そして何よりも父であり、母であると思う。

追伸
山登りは園舎の横を走る電車に乗って出かけた。いつも築山から見ているあこがれの電車。まず自分で切符を購入するところから始まった。
子どもが「先生電車の中におまわりさんがいたよ」と言う。すると他の子が「違うよ。あれは車掌さんだよ」「？・？・」

**〈私の風邪〉**

風邪が猛威をふるい、園児の欠席が続出する。学校なら学級閉鎖というところだが、保育園はそういう訳にはいかない。とにかく手洗いとうがいを徹底することにした。
そんな私も風邪をひいた。何年ぶりだろう。風邪をひいて久々にラジオに耳を傾けた。昔懐かしい歌や世界のニュースと話題等々、病気でありながら蒲団の中で幼い頃を思い出したり感動したりと結構ワクワクした。また、幼い頃に病気をしたら母が何でも食べたい物を買ってくれたことを思い出した。その時、バナナをよく出したが今はどうだろう。食べたい物があったら買ってくるよの家族の声に、返事はすぐに出なかった。そこで家族が買ってきたものは「水」であった。多分水分補給という気遣いであろう。私は時の流れをふと思う。

## 〈生活発表会その1〉

まだ午後2時を過ぎたばかりなのに、園庭のプラタナスの木の影が、西に傾いた日差しを受けて園庭の半分まで影を落としている。淋しかった園庭に発表会の練習を終えた子ども達が飛び出してきた。一気に活気があふれ、うす着の子は寒さに対抗してか、生き生きと駆け回っている。さて、今年の発表会について、「子ども達が主体的になって『やってみたい、やってみよう』という活動に取り組むには……」

誰でも得意、不得意がある。でもそれは自分が体験して判断するのでは？　そう思うと、幅広い体験がいかに大切か。しかし大人の視点で無理な押しつけは逆に「〇〇嫌い」になるのではないだろうか。

そこで、今年はピアニカについて小学校の音楽担当の先生と話し合った。その結果、子ども一人ひとり興味、関心度が違うのは当然のこと。従って全員が同じ曲を弾く目的より、その子に合わせて伴奏部分の「ド」だけ弾く。つまり触れる体験、音を出す体験の方が大切という結論に至った。

私達は改めて、「今、子ども達に必要なのは何か」を考え、そして見極め、子どもが少し頑張れば手の届く目標をかかげ、無理なく活動できるよう援助したいと思った。

**〈生活発表会その2〉**

先日の新聞にソニーの「アイボ」という犬のロボットが売り切れ、第2弾予約受付中と書かれてあった。この犬、餌も散歩もいらない上に、こちらの言うことを理解し、しっぽをふったりじゃれたり、手間ひまかけず自分の思い通りになる……。自己中心……?

そうなると、相手の気持ちを推し測りながら対話することができるだろうかと不安な一面もある。社会の変化によって環境も変化する。しかし当園の子ども達を取り巻く環境は、3世代同居が多くこのアイボとはほど遠い。それは先日の発表会、座蒲団もない寒い会場でお互いにゆずり合い認め合いながら、私語もなく一生懸命演ずる子ども達に、我が子のみならず他の子にも暖かい声援を送っていた。外の寒さを感じず会場は笑顔であふれていた。私は子ども達がこのすばらしい環境（大人達）の中で健やかに成長することを嬉しく思った。

## 〈生活発表会その3〉

時は流れ時代も変わる。そんな中での生活発表会。毎年のことながら、舞台に立つ子ども達はどの子もみんなスター。この小さなスターを撮るためにカメラやビデオ撮影で親は必死になる。

舞台の上ではあんなに一生懸命頑張っている子ども。「大きくなったなー」と実感するひととき。ほんとうは誰よりも誉めてあげたい、応援してあげたいはずなのに、カメラに両手をふさがれ拍手ひとつしてやれないお父さんお母さん。子どものためにカメラが親子のコミュニケーションを断ち切り、せっかくの生の子どもの演技がファインダー越しに伝わる。そして、撮影している画像には、我が子ひとりをクローズアップ。その表情は大きく鮮明に写されていたがこの撮影は子どものため？　親のため？　子どもの成長記録？　思い出づくり？　子どもが大きくなった時この映像を観て何を思うのだろう。クラス全員で力を合わせて歌っても、友達は誰も写っていない、ただ自分だけが写っている。これでは思い出として懐かしく「この子と遊んだ」「この子と喧嘩した」などでてくるだろうか。

親の気持ちを充分察しながらも、なぜかこの矛盾が空しく感じるのは私だけだろうか。

## 〈母の会研修会〉

お母さん、子育てでは「頭」「心」「身体」のうち、何を優先していますか？

もし「頭」を一番にするならば、1、2才からの早期教育？　でも、何人かの数学の学者に小さい頃からの早期教育を受けたか質問すると、受けた人は0人であった。

逆に言うならば早期教育＝頭が良くなる、とはならない結果であった。

次に「心」を育てるという時、「今日は、優しい子になるおけいこをしましょう」

という訳にはいきません。心というものは、子どもの体験した結果として育っていくものです。

「身体」はどうでしょう。身体を鍛えるということは外気に触れて散歩したり遊んだり、その中で見たり触れたりためしたりまた見つけたりする。自分の目で、肌で感じ感性豊かに育てるといろいろなものに好奇心や興味を持つようになる。好奇心を持つようになると、心が発達する。心が発達してくると、いろいろ考えるようになり、結果頭が発達する。育児の大きな秘訣は、あれこれ指示せず無理なく生き生きと遊び込むことが大切。

「母の会」の研修より

**〈尊敬〉**

子どもの痛ましいニュースが連日報道されている今、親も子も、いや社会も膿んでいるように思える。

ニュースを聞きながら、ある外国人の方の言った言葉を思い出す。

私達は、①子どもの頃の休日の過ごし方は、ほとんど家族単位。家族で一日中一緒にいることで親の考え方や生き方を自然と学んだ。②そして学校を卒業すると親の援助は一切ない。と同時に、親とは別にそれぞれ自立した生活を始める。そのため、どうしても働かなければ生きていけない。日本とは生活スタイルが少し違うから。③私達の国はみんな親を一番尊敬している。

断片的な会話ではあったが、子どもが大人になっても親を尊敬する、そんな親子関係はどこで培われるだろうか。どこの国でも親子の絆は同じなのに!!

改めて子どもとの向き合い方を考えさせられた言葉であった。

**〈新年その1　初出勤〉**

新しい年を迎えて気持ちも新たに正門から入った（日頃は東門から出勤）。庭を掃除し花に水をあげる。小鳥の世話をし窓をあける。まだ誰も登園してこないのに……。自然とウキウキ心がはずみ体が動いた。

子どもの靴箱の名前を見ながら、

・もうすぐ卒園だなー
・そう言えば、この子歩けるようになったなー
・やっと慣れてきたのに正月明けは大丈夫かなー
・初めはあんなに泣いていたのに、発表会すごく頑張ったなー
いろいろな顔が次から次へ浮かびひとりニヤニヤしてしまった。それと同時に、子ども達に残り3か月で何をしてあげられるか？

継続するもの、仕上げるもの、伝授するもの、挑戦するものなど、きちんと見極めながら保育を進めたいと改めて思う初出勤であった。

## 〈新年その2　お正月〉

「義母は忙しいと言いながら豆やら田づくりやらを煮ているのよ。今どき誰も食べないのにねー」と笑いながら、友達らしき人と話をしている電車の中。そう言えば私の子どもの頃は、家族総出で大そうじ。それがすむと、母は野良着から白いかっぽう着に着替え、もちつき、煮豆、お酢合え、けんちんづくりと、正月準備に大忙し。その

あわただしさが、ワクワクと心躍らせ、♪もういくつ寝るとお正月～♪の歌詞通り、待ちかねていたものだ。

また、正月にはシャツとパンツ、そしてセーターを新品に取り替え、気分新たに氏神様にお参りをした。そして、何よりもいつも忙しく働く母がのんびりと一日中家にいて、時間がゆったりと流れる。それだけで満足な正月だったことを思い出す。

さて、昨今の正月はどうだろう。元旦の新聞広告75枚中65％が元旦より営業と書いてある。今は寝ない町と言われているが、晦日も正月もないメリハリのない社会となった。保存食のおせちもいらない、買えばいい。そういった話もわかるような……。しかし、今の子ども達が大きくなった時、「お正月」の思い出は何が残るだろうか。人のぬくもりを感じるだろうか。

大人は何を伝えるのかしみじみ考えさせられた年明けであった。

## 〈新年その3　見える心〉

新しい年を迎え、初詣の帰り道のこと。3人の若い男性が、黒いスーツを身にまとい、サングラスをかけ、黒いドーベルマンの犬を4匹連れて散歩をしていた。黒黒ずくめでなんか異様な感じを受けたが、ふと見るとその中のひとりの男性が、「ほうき」と「ちりとり」を持っているではないか。それは犬の糞取り用であった。あまりにも見掛けと掛け離れているため思わずプッと笑えてしまった。その後にほのぼのとしたなんとも言えない暖かさを感じた。

日頃目にする犬の散歩は、袋を持たずスコップだけの人も多い中、こんな光景に出合い、改めてまだまだ悲観したものではないなー、今年も頑張ろうと思った良い年明けである。

**〈新年その4　額〉**

ある神社で「反省」という標題の額があった。

「威張る時には神に捨てられ

欲をかく時には金に背かれ

妬む時には、友を得るをえず

怒る時には己を失う」

と書いてある。そして神社の入口には、

「前からお辞儀される人よりも
後からお辞儀される人になれ」

いつも何気なく通り過ぎているが、新年ということで、自らの心も取り澄ましていたのか。はたまたこの言葉を感じるような年齢になったのか？　とにかく私にとって身の引き締まる年明けとなったのである。


〈茶わんづくり〉

いつもと違う土粘土。こねこねしている間に「先生、ちょっとひびが入った」「ここに貼りつけたいけどすぐとれちゃう」子ども達は慣れない粘土に四苦八苦、それでも何とか型にする。そして乾燥。釉薬をつけて焼く（陶芸の先生宅で焼く）。出来上がった茶わんを見て「えー、これぼくの？」「すごくきれい」「私のはどれだっけ？」等々。

自分のつくった茶わんの変容ぶりにどの子も大興奮。そこで今まで習った茶道を保護者の方を招いてこの茶わんで飲んで頂くことにした。お菓子も手づくりの芋の茶巾しぼりをつくった。そして当日、静寂な雰囲気の中大人も子どもも緊張しているが、子ども達はちょっとほこらしげに堂々とお手前を披露しどの子も輝いていた。

## 〈春を待つその1〉

庭の片隅でささやかに咲いていたコスモス、秋の園庭はあまりにも淋しすぎた。しかし今は去年植えたフリージアやアイリスが芽を出しパンジーが咲いている。またラナンキュラスやチューリップ、水仙の球根も植え、春の日差しを待つばかりとなっている。

咲いてきれいと感じる人もいれば、咲くまでを楽しみにする人もいる。どちらも育て、育む喜びだ。子ども達と世話をしながら、子ども達の心に育てることの喜びが芽生えることを期待しつつ子どもと春を待っている。

## 〈春を待つその2〉

暖冬といわれていたが、昨年の暮れには、寒波が押し寄せ、雪のちらつく日もあった。

子ども達と園庭で遊んでいると、「どうしてわらをかぶせてあるの?」「球根も寒いからお蒲団がわりにかぶせて暖かくしているんだよ」

今まで暖かい日が続いたので、わらをかけても気づく子がいなかったが、寒くなってやっと目を向けた。ふと足元を見ると地面が割れている。すかさず「何だこれ!!霜柱かな」「違うよ、地震で割れたかも」よくよく見ると、「先生、水仙の芽が出てきてる。地面を割ってすごい」

子ども達は自然界の偉大さを目のあたりにして感動した。球根を植え、花が咲くまでにいろいろな体験をする。こうした体験を多くすることから「気づく」「感じる」引いては「考える力」の基礎となる力が養われる。これからも生きた体験を多く与えたい。

〈マラソン〉

どの子もみんな完走しました。おめでとう。

マラソンは体力づくりの一環として寒い冬に行っている行事。

子ども達も個々の体力が違う中で順位を競うのはどうだろうか。まずは「完走をしよう」を目標に今年も練習を始めた。

始めは短い距離からスタート。そして徐々に距離を伸ばして、子ども達に忍耐や自信を持たせながら本番にのぞむ。練習の時、「先生、ぼくね、5番以内になると、ファミコンカセット買ってもらえるんだ」とても嬉しそうに目を輝かせて話す。保母は「そう、頑張ってね」と返事をしたものの、子どもにとって「ごほうび」を前提にすることがほんとうの意味での「やる気、意欲」につながるのだろうかと、保母共々考えさせられたひと言でした。

後から「よく頑張ったね」と、言葉を添えながらあげることはできないのかな？

〈縦割ゲーム集会〉

先月縦割のゲーム集会を行った。この異年齢クラスは3年間同じである。年少から年長が1クラスになりその中で小さなグループをつくる。初めての年少児は、不安とまどいでなんとなく沈みがちであった。しかし、1年が過ぎたこのゲーム集会では、旗やメガホンを持ち大きな声で応援をしていた。

中には兄弟のようにふざけて遊ぶ子や、全く町名も違うのに気が合うのか年下児が真剣に取り組んでいっても、年上児の兄役はその力量を推し測りながら手加減して遊んでいる姿もある。

その後大声で笑いあう子ども達。この笑顔の中に安定した充実感を感じとった。

〈寒い冬その1〉

「今日は冷たいね」が合言葉のように挨拶をかわしながら登園する大人達。

「先生、氷ができた」と職員室の窓側から大声で呼ぶ。見るとバケツに水をはって氷づくりをしていた年中児。この氷を待ちに待っていたので喜びもひとしお。「先生霜柱ができてるよー」と他の子の声に、一斉に遊戯室の前に集まり取り始めた。「先生ここにもあるよ」今度は土の山で呼ぶ。子どもの渦は山へと移動していく。「どうして乾いた所はできんのかなー」その不思議さに頭をかしげる。「どうしてかなー」盛んに考え考え、「水かな」とつぶやく。

冷たい朝、子ども達は、自然現象に喜んだり、驚いたり、考えたり、体も頭も充分使って、寒さを満喫していた。

**〈寒い冬その2〉**

よく晴れた日、「見て見て、あの山、真っ白」2階の窓からは遠くにくっきりと南アルプスが見えた。冬の雪にあこがれ、「すごいなー」と顔を窓にすりよせ見ていた子ども達。

ところが、このところの厳しい寒さに2、3日前には目の前の山がうっすらと薄化粧し、今日は園庭に置いてあったバケツに氷がはっていた。

「先生、おはよう氷だよ」「先生今日ヒーターつける時、3℃だったよ」といつもより元気な声で話しかけてきた。それからは園庭や園外で氷探し。「保育園の前より裏の方が厚いよ」「木のかげの下にもあったよ」「先生、この氷の中にもみじの葉っぱが入っている」子ども達は感じたことを次々にはなしていた。発見の喜び、冷たい感触、厚さの驚き、もみじの葉っぱの不思議さ、持ったところに穴があきのぞいて楽しむ。五感をフル回転し、寒さも忘れて遊びに夢中になる子ども達を見て自然の偉大さを改めて感じた。

## 〈阿智村から〉

長野県下伊那郡阿智村から雪が来る。トラック2台どっさり積んで、子ども達の元へ。今年で3年目。子ども達は自分達で手旗をつくり、クラスごとに横断幕もつくる。そして当日沿道に出て雪を迎える園児290人一列に並んで旗をふる。道行く人も自動車も応援してくれた。

早朝から高速道路を走ってきたトラックが到着。トラックの荷台が傾きザザザッーと雪がおち大きな雪山が出きる。キャァーキャァと歓声がわきもう目は釘付け。それから言うまでもなく、まず登ったりおりたりすべったり、転がったりとにかく気分は最高。テンションは上がりっぱなしの1日であった。

そして数日後、阿智村より便りが届いた。

「子どもの笑顔に感動しました。これからも交流を続けさせて頂き、あの笑顔を見せて……」喜びが満ちあふれ、まぶしいような輝きは人の心に揺さぶりをかける。大人にはできない、子どもだからこそできる、そんな子どもに私も感動。そして、県外からわざわざ子ども達のために運んで下さった阿智村の方々に感謝。

**〈たんぽぽ〉**

思えば園庭も季節ごとに彩《いろどり》を変え、花あり虫あり香りあり。先日は大寒波に襲われこの地域にも雪が積もり、子ども達は大ハシャギであった。小さな雪ダルマをつくったり、厚い氷を見つけてきたり、テレビや絵本で見る冬を体験し充分満喫した様子。そんな中「先生、この花すごいね」の声に、見れば築山の枯草の中にうずくまるように一輪のタンポポが咲いていた。まるで「元気に遊んでいる子ども達、春はそこまで来ているよ」とささやいているように……。

## 〈なわとびに挑戦〉

久しぶりの昨夜の雨に園庭の木々やチューリップは、暖かい日差しの中で生き生きとし、目の前でニョキニョキと伸びているように感じる今日、「なわとび集会」が行われた。

年長児全員がそれぞれ分担して模範演技をみせていた。

前とびから始まって片足とび、後ろとび、スキップとび、仲よしとび、交差とび、そして2重とびをする子もいる。最後に今までとんだ最高記録（前とび）を表彰する。

1～500回以上と個人差はあるが、どの子も一生懸命記録に挑戦していた。竹馬でもそうだが、始めの一歩に苦労をする。この一歩をクリアして2歩が存在する。そう思うと0回がいないことをとてもうれしく思う。

子ども達は小さな一歩をコツコツと重ねることが大きな目標につながっていることを身をもって体験している。

## 〈昼食会〉

卒園間近になると恒例で年長児は順番に職員室で昼食会をする。子ども達は嬉しくて、家のことや保育園のことを我先に話し会話がはずむ。年長児はさすが、ひとつの話題で盛り上がる。相手と雰囲気を察しながら対話する。個性もしっかり出て、お互いに認めるところもすばらしい。私にとっても楽しいひとときである。子ども集団の中でこそ育つこと、家庭だからこそ育つことなどそれぞれあるが、「みんなちがってみんないい」という金子みすゞの詩を思い出す。

わたしと小鳥とすずと

わたしが両手をひろげても、
お空はちっともとべないが
とべる小鳥はわたしのように、
地面《じべた》をはやく走れない。

わたしがからだをゆすっても、
きれいな音はでないけど、
あの鳴るすずはわたしのように
たくさんなうたは知らないよ。

すずと、小鳥と、それからわたし、
みんなちがって、みんないい。
（『金子みすゞ童謡集　わたしと小鳥とすずと』ＪＵＬＡ出版局より）

**〈生きているボール〉**
園庭に差す日差しも白くかすみがかり暖かさを感じる今日この頃。いよいよ園だより列車もまもなく終着駅に到着。子ども達もそれぞれ4月からの体験という荷物をリュックに詰め込み、次の列車に乗る準備を始めている。

先日もサッカーで楽しそうに遊んでいた。以前は自己主張ばかりですぐボールの取り合いが始まり喧嘩となる。そしてどちらかが泣く。そこでゲームは中断されなんとなくきまずさが漂うことが多かった。しかし今は「〇〇いくぞ」「よし」とボールが相手から自分へ、自分から次へと、まるで生きているかのようにスムーズに転がる。互いに目で合図しあい相手の気持ちを汲み取っている。

それは日々園生活を送る中で育まれた心情や信頼が言葉無くして心でキャッチすることができる様になったからだと思う。私は子ども達の成長に拍手を送りたい。

**〈職員のチームワーク〉**

先日、職員会でこの1年を振り返り「集団の中で育った子どもの姿」を発表した。その中で、

1．友達関係が深まり大きい子が、小さい子を仲間に入れ遊びが伝承された

2．思うようにならなくて、泣いたり怒ったりトラブルを起こした子が、自分を抑制し我慢するようになった（小さい子が見ているから）

3．大きい子が、小さい子のお世話を自主的にするようになった（思いやりが育った）
4．同年齢でも相手を認め励ましたり励まされたりと、良きライバルとして頑張るようになった等々……。

この中で感じたことは、私達職員一人ひとりの力は微微たるものだが、それぞれが担任の枠を越え、気づきを報告し合うことで担任だけでは見えなかったものが見えたこと。子どもにとっても職員にとっても大きな収穫であり、職員もまた集団の力（チームワーク）が大切なことを痛感した1年間だった。

**〈ありがとう〉**

時の流れは早いもので、今年度も残り少なくなりました。今、園庭にいる子ども達。1才児は、探索活動も盛んになり元気に動きまわり、2才児は自分でしようと意欲満々。年少児は友達と関わって遊び、年中児は、集団の中で自己主張しながらも、友達と遊んでいます。そして、年長児は、いろいろな体験を通して、チャレンジする心、思いやる心、工夫する力など、心身ともにたくましくなり、自立する素地づくりができたように思います。

これは、子どもにとって家庭、家族という揺るぎない心の基地があって初めて自立ということが成り立つのではないでしょうか。保育園という場は、家庭の代役として昼間に子ども達が心ゆったりと、委ねられる場でありたいと思い、お手伝いさせて頂きました。それには、地域の方、保護者の方のご理解とご支援があったからこそだと思い深く感謝申し上げます。

ありがとうございました。

## 卒園児へ

入園したころ　すぐ泣いた
入園したころ　よく喧嘩した
入園したころ　不安でじっとしていた

あれから何年たったのだろうか

今はもう　すぐに泣かない
今はもう　あまり喧嘩しない
今はもう　いっぱい遊んでいる

大きくなった子ども達

苦しかった時　悲しかった時
グッと我慢して乗り越えた
そこには友の笑顔と暖かい心があったから

大きくなった子ども達

今度誰かが挫けそうになったら
君が笑顔で迎えてあげよう

大きくなった子ども達

しっかり大地を踏み締めて、　大地のぬくもりを感じながら
歩んでほしいと私は願う

近藤和代

## おわりに

最後までこの拙い文章を読んでいただき、ありがとうございました。
心からお礼申し上げます。
また、出版にあたっては文芸社の皆様方には大変お世話になりました。
ここに深くお礼申し上げます。

著者プロフィール

**近藤 和代**（こんどう かずよ）

30歳で主任保母（主任保育士）、48歳で園長として子どもと過ごす。

定年後、人権擁護委員をしたり児童館にて子どもと触れ合っている。

愛知県知事表彰、厚生労働大臣表彰など受賞。

私の勤務地
◎社会福祉法人　育栄会　前芝保育園
（平成14年3月まで）

市の郊外にあり、田園と海に囲まれ、自然と一体化したのどかな地域である。また、校区は1園1小1中で、この3校は隣接していて、市内で唯一、3校合同運動会が開催されている。
◎社会福祉法人　育栄会　福岡保育園
（平成14年4月～）

市の中心部近くにあり、小、中、高、大学と隣接していて、緑も豊かな閑静な場所に位置する文教地区である。

**四季通信　保育の現場より** 保護者の皆様へ

2024年9月15日　初版第1刷発行

著　者　近藤 和代
発行者　瓜谷 綱延
発行所　株式会社文芸社
〒160-0022　東京都新宿区新宿1－10－1
電話　03-5369-3060（代表）
03-5369-2299（販売）

印刷所　TOPPANクロレ株式会社


ISBN978-4-286-25455-5